女の子って魔法だよね

西原さつき
Nishihara Satsuki

はじめに —— 4

Part 1 — Story of Satsuki

絵本で綴る西原さつきの物語 —— 6

Part 2 — Essay by Satsuki

I 性別が変わっても「私」は「私」 —— 50

II インターネットは〝魔法のタクト〟 —— 52

III 身体が変わって私の身に起きたこと —— 56

IV なぜ性別のことをオープンにしたのか? —— 58

V 差別する人なんてスイーツにしちゃえ♡ —— 62

VI 見えないところで誰かが支えてくれている —— 64

VII 女の子って魔法だよね♡ —— 68

VIII 恋愛観について —— 70

IX 子どもについて思うこと —— 72

X 「乙女塾」で私たちにできること —— 76

Contents

XI キミの可能性は∞《むげんだい》だよ! ―― 78

XII 女の子だって、食べたいよね! ―― 80

XIII 初めてこの世界を歩くような気持ち ―― 82

XIV 朝は〝生まれ変わる時間〟 ―― 84

XV 作品づくりから人生の機微を学ぶ ―― 86

XVI 日々の努力は最大の味方 ―― 90

XVII ふたつの大きな夢に向かって ―― 94

Part 3 ― Special Talk

誰もが夢を叶える魔法の杖を持っている ―― 108
西原さつき × 瞬(しゅん)

乙女塾のご紹介 ―― 122

おわりに ―― 124

はじめに

あなたは、魔法を信じますか？

私は、信じます。
だって、私は魔法の力で、
本来の自分とようやく出会えたのだもの。

これから、その魔法が私にもたらしてくれた数々の
不思議で素敵な出来事について、
可愛らしい絵本仕立ての物語と、
写真を織り交ぜたエッセイでご紹介しますね。
では、一緒に向かいましょう！

西原さつき

Onnanokotte Maho Dayone
Nishihara Satsuki

Story of Satsuki

Part 1
Onnanokotte
Maho
Dayone

今からさかのぼること少し前
私、西原さつきは
この世に生を受けました。
男の子として生まれたのですが、
かわいいものや
キラキラしたものが大好き。

この時はまだ、
自分がどんな姿になるのか
想像もしていませんでした…。

小さい頃から、
ままごとやあやとりをしたり、
絵本を読んだりすることが好きでした。
母親からは「大人しくて手のかからない子だった」
と言われています。

外で元気に遊ぶよりも、
家でゆっくりしているほうが好き。
それは今でもあまり
変わらないかもしれません。

幼稚園の頃に自分のからだが
女の子と違うことを知って、
とてもショックだったことを
今でもよく覚えています。

でもその頃は
どうすることもできなくて、
ただ悲しくてざんねんな
気持ちでいっぱいでした。

小学校に通い始めてからは
男の子と女の子に
分けられることが増えて、
少しずつ
周りのみんなも
変化していきます。

私は自分が
どんな過ごし方を
したらいいのか
わからずに、
とにかくたくさん
勉強をしていました。

高学年になると、
体力が徐々に
みんなに追いつかなくなって
いきました。

後から調べてわかったのですが
からだが男の子としては
とても弱かったのです。

中学生になった頃、
男の子の学生服を
着させられることが嫌でした。

女の子が着ている
セーラー服が
かわいいなぁ…。
憧ればかりの
毎日でした。

そうなんです、
セーラー服ってすごくかわいい！
それに女の子の服って
すごくかわいいし、
私もオシャレを楽しめたら
どんなに素敵なんだろう。

長い髪、手入れされた爪、
どれも私にとっては
魔法みたいに
輝いて見えました。

「誰か、
私に魔法をかけてくれないかな…。」

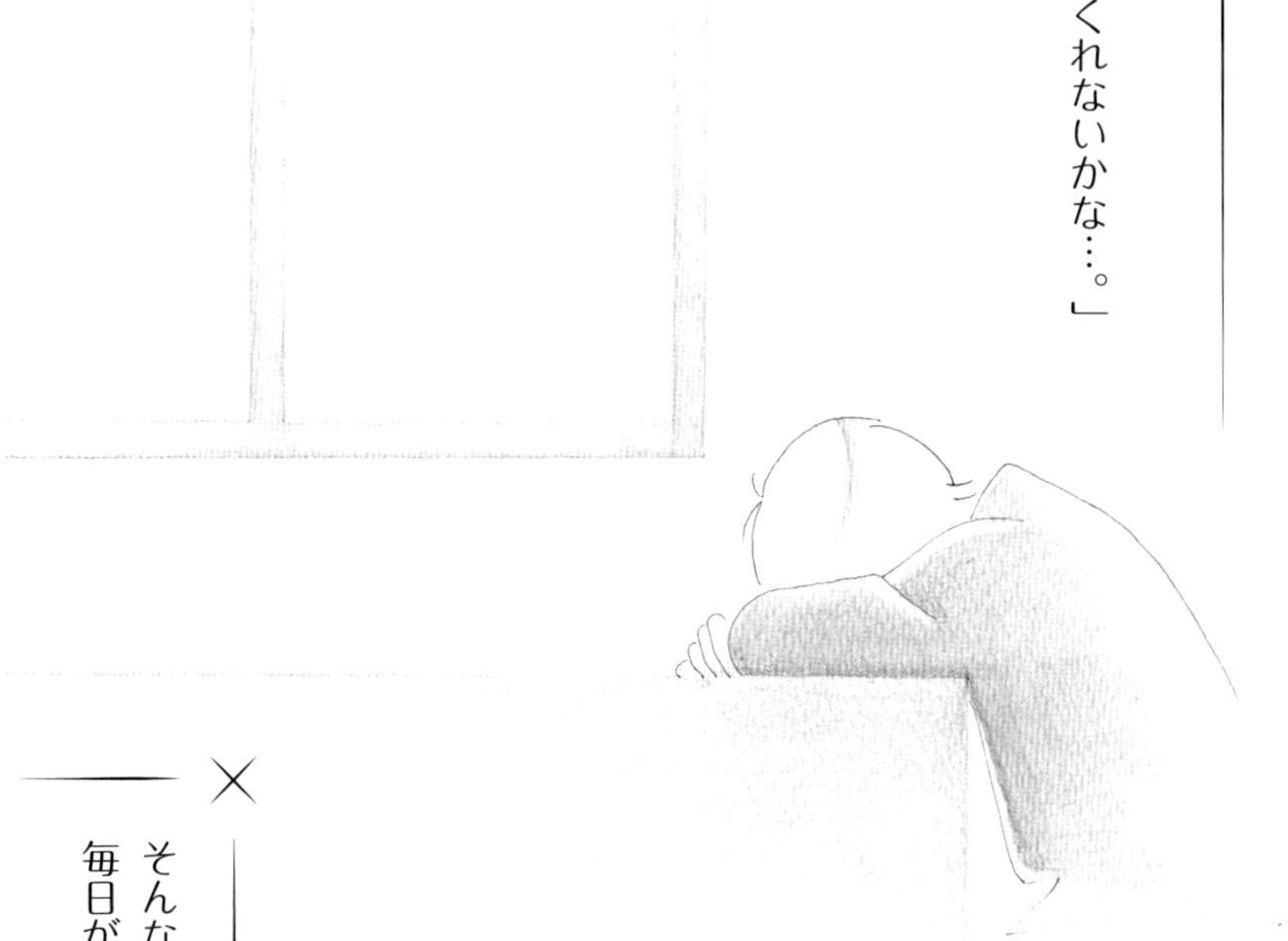

そんな思いもむなしく、
毎日が過ぎていきました。

日々は過ぎていき
高校生になったある日、
女の子になれる方法を
見つけました。

しかしそれはとても
大変な道のり。
失うものも大きくて、
この先どうなるかも
わからない。
それでも私は、
本当の自分を探すために
進むことに決めました。

自分の〝からだ〟と
〝こころ〟について
考える時間が増えました。

どうしてこのからだで
生まれたんだろう。
こころって、
いったい何なんだろう。
私は、何のために
生まれてきたんだろう。

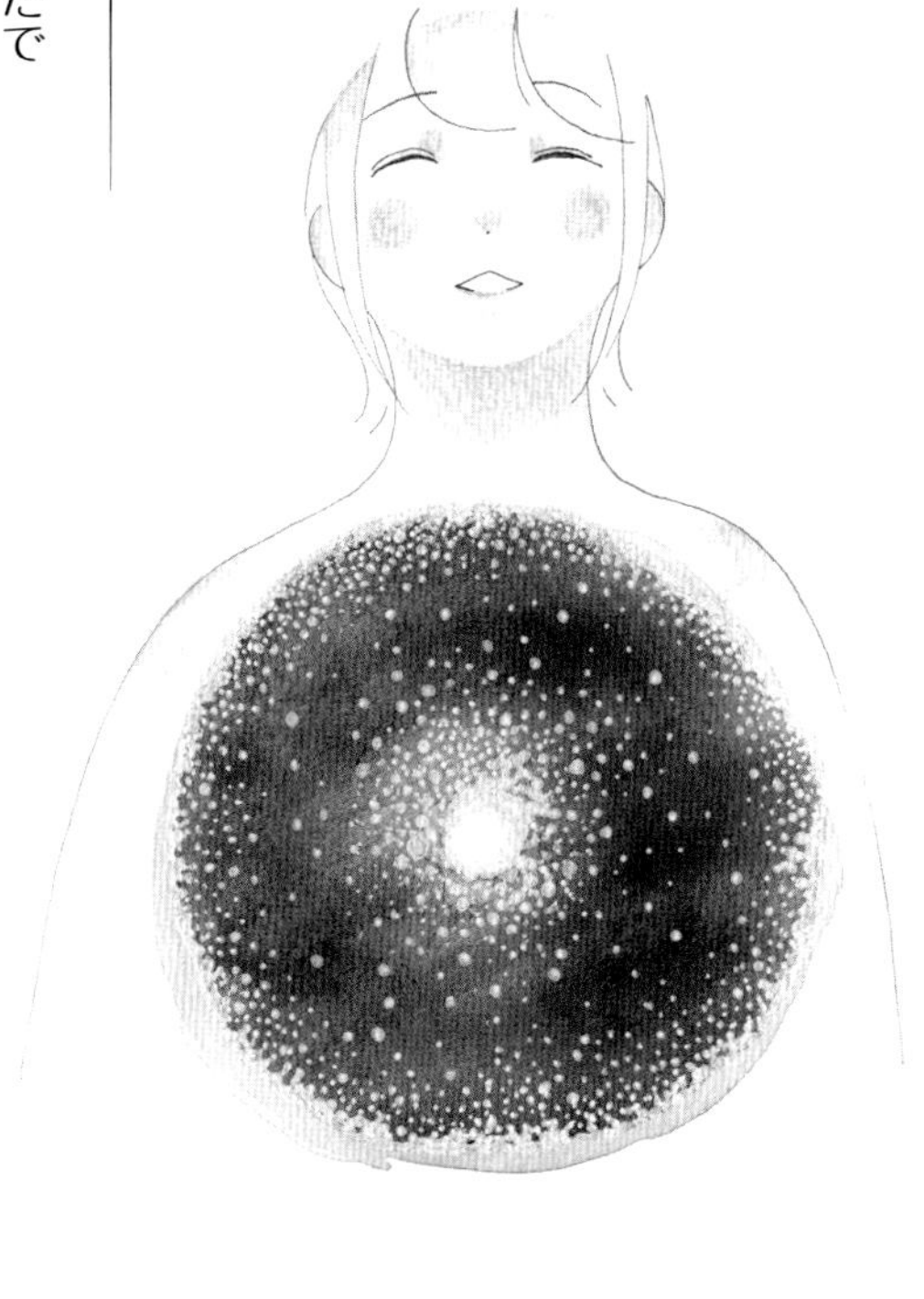

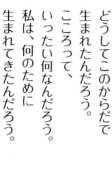

ひとりで悩む時間も増えました。
真っ暗な海の中へ
深く深く
落ちていくような気分。

真っ暗なそこには
誰もいなくて、
独りぼっちに
なってしまったような世界。

少し寂しかったのですが、
それから3年ほど過ぎた頃、
からだが大きく変化していました。
髪も肌も、胸もお尻も、
昔の自分とは全然違う。

それはとても
不思議な経験で、
まるで別の星に
来たような、
目の前がまったく違う
景色になっていました。

お仕事もはじめて、
少しずついろいろなことに
慣れてきた頃、
憧れていたお化粧を
してみました。

まつげを丁寧に伸ばして、
頬と唇を赤く染める。
かわいいワンピースを
身にまとうだけで、
毎日がこんなに楽しいものに
なるなんて知らなかった。

それまでは
色の無い世界に、
何を食べても
味がしないものばかり。

だけれどこの時
生まれて初めて
空の色が美しいと
感じました。
ご飯が美味しいと
思えました。

毎日一生懸命働いて、
お金をたくさん貯めました。
それまでずっと悩んできた、
からだを変える
手術を受けるためです。

いつか新しい自分に
なれる日を夢見ていれば、
辛いことも乗り越えられる
気がしました。

そしていよいよ
手術を受ける日がやってきました。

日本から遠く離れた
タイという国で迎えた朝は
不思議とても穏やかで、
お医者さまに呼ばれるまで
静かにその時を待ちました。

麻酔が効いて、
まぶたが急に重たくなり、
目の前がぐにゃりとゆがんで、
とても眠たくなりました。

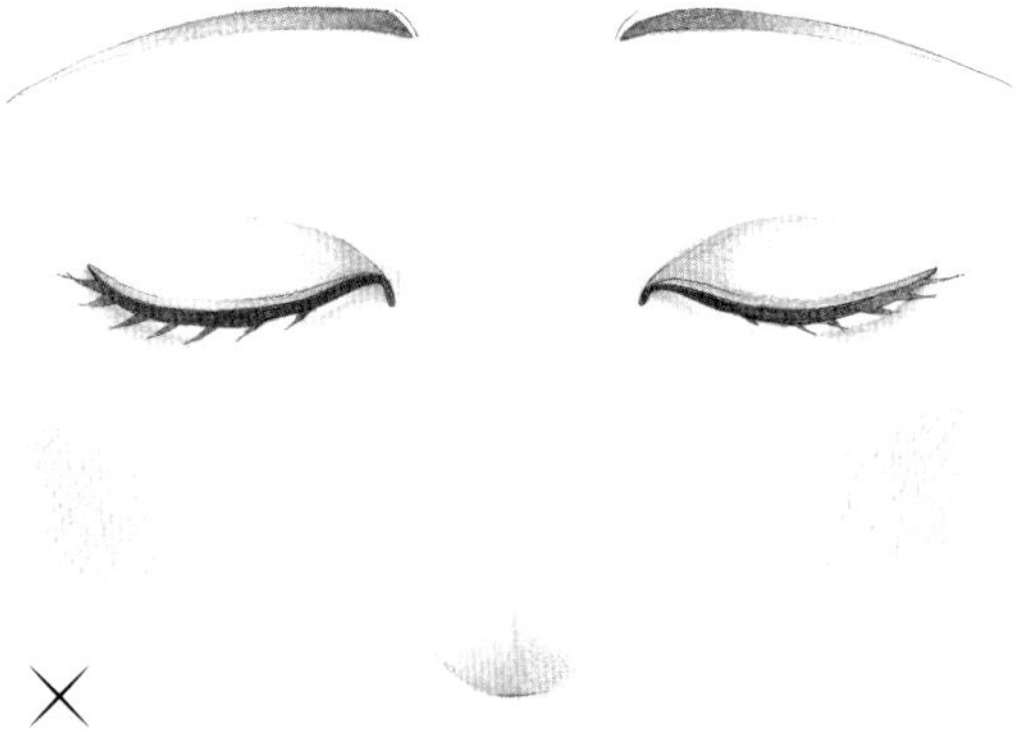

「あぁ、目が覚めたらすべてが
無事に終わっていますように」

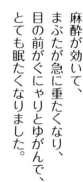

次に目が覚めた瞬間は、
とてもからだが熱っぽくて
上手く動かすことができませんでした。
それでも私は
とても嬉しい気持ちでいっぱいで
涙が溢れました。

「これで終わりじゃない。
これから始まるんだ」
そう思うと、
何とも言えない
不思議な気分でした。

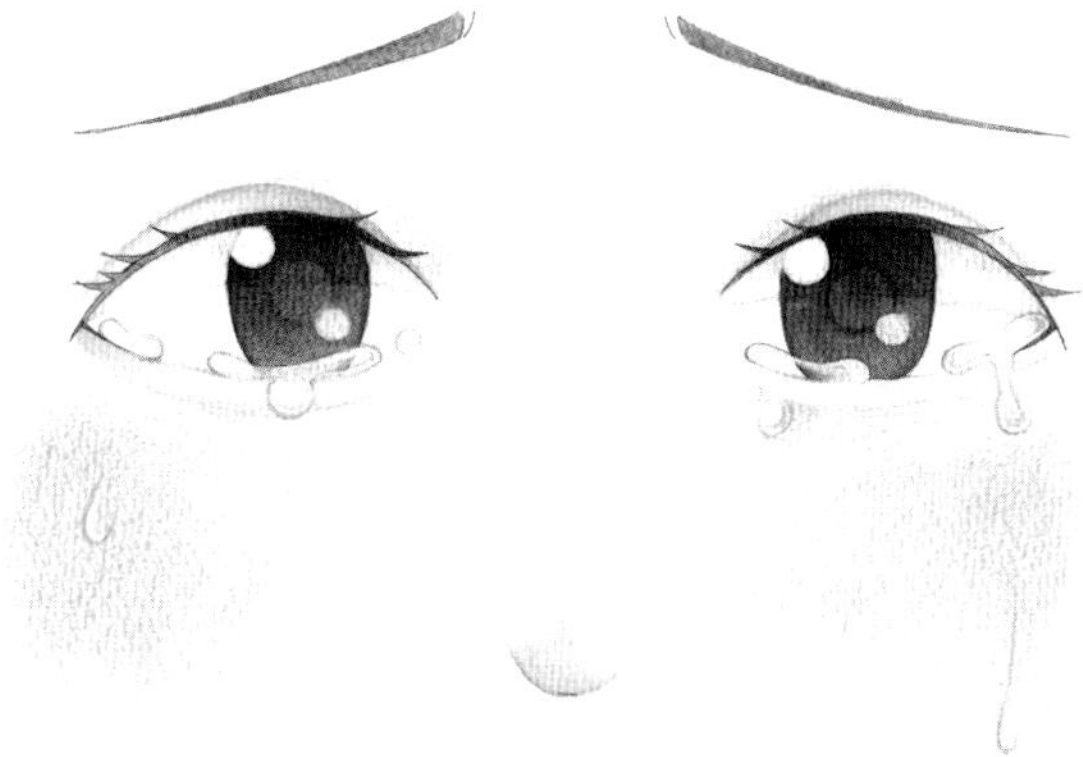

からだの回復を待ってしばらくしてから、
いろんなことに挑戦をすることに。

東京に引っ越したり、
世界的なコンテストに
参加したり、
とにかく新しいことで
溢れている毎日。

特に2013年に挑戦した
「ミスインターナショナルクイーン」
というコンテストでの経験は
とても大きいものでした。
世界中から注目される大きなステージ。

そこから見た景色は
今でも忘れられません。
さまざまな国のお友達も
たくさんできました。

それから日本でもたくさんの
お仕事ができるようになります。
雑誌にテレビ番組、
ドラマなどたくさん経験して、
毎日のようにキレイな
洋服を着られて、

いろんなヘアメイクを
試して、多くの人や
カメラの前に立つ。
夢みたいな日々を
あっという間に
駆け巡ることになりました。

まさか自分のような存在が、
人前に立つようになるとは
思ってもいませんでした。
性別を変えるということが
どんな意味かも
あまり深く考えていなかったです。

ただただ純粋に
可愛いものが大好きで、
それだけを追いかけていました。
ごく普通の生活を
ひとりの女の子として
過ごせたら充分。
そんなふうに考えていました。

自分のことを、
性別を変えたということを
人前で話すようになったのには
理由があります。
とてもシンプルな理由なのですが、
誰にも嘘をつきたくなかったからです。

友達にも、家族にも、もしかしたら
いつか出会うかもしれない
未来のパートナーにも、
自分を偽ることなく素直に正直に
すべて話そうと決めました。

もしも人に運命というものがあって、
何かの役割のようなものが
あるとするなら、
きっとこのからだで生まれたことに
何か意味があるはずだと。

もしかすると、この先の未来に
つながることかもしれない。
自分のことを話すことで、
誰かに勇気を届けられるかもしれない。
そんなことを考えていたら、
気がつけば多くの人の前で
声を上げていました。

たくさんの人と触れ合う中で、
気がついたことが
いくつかあります。
その一つに、もっと多くの、
私と同じような境遇の
仲間たちを助けたい
という気持ちです。

まだまだこの世界には
たくさん、
自分の気持ちを素直に
言えない人たちがいます。
本当の自分のことを
話せない人が、
たくさんいます。

なんだかそれって悲しくはないですか。
みんなが自由に自分のことを
思いっきり表現できたら、
それが一番素敵なことじゃないですか。

生まれた時の姿や、年齢や、
育った国も、瞳の色も…
そんなことを気にせずに
自分らしさを表現できたら。
それが一番幸せで、
自然なことだと思います。

私にできることは
一体何があるのだろうと考えた時に、
それほど多くはなかったのですが、
女の子らしくすることだけは
ずっと大好きで
続けていました。

メイクにファッション、
歩き方や声の出し方、
気持ちの表現。
毎日の中で自然と
身につけていった
ものでした。

大切なことは、無理に女の子に
なろうとすることじゃなくて
「女の子でいいんだ」という
素直な自分の気持ちを
そのまま出すことです。

だけれど、そんな想いを
ずっと内に
秘めたままの人が
たくさんいる。
そんな人たちの手助けに
なれば良いなと思って…。

「かわいく」「女の子らしく」を叶える
〝乙女塾〟というものを
作りました。

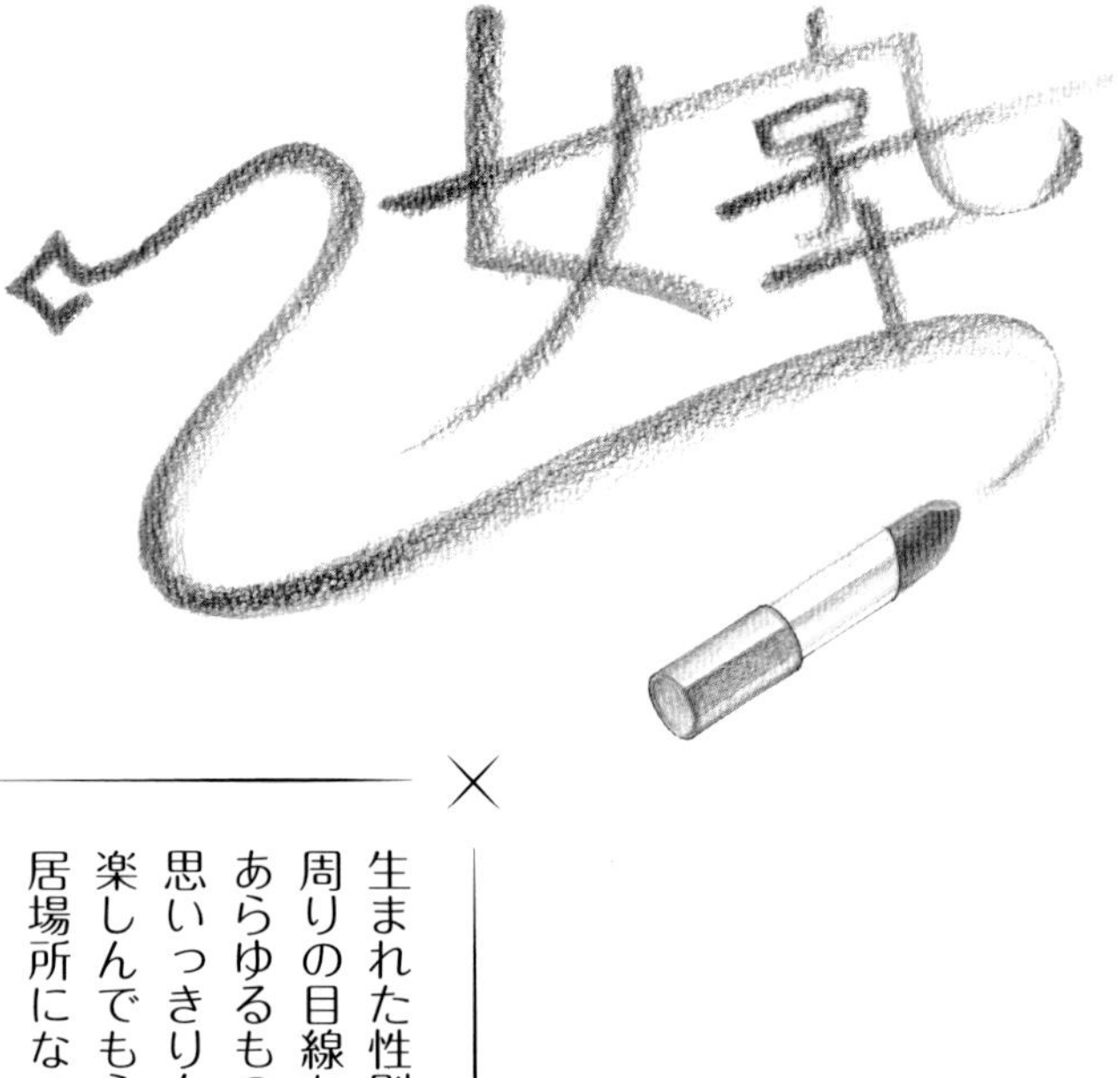

生まれた性別も、今あるからだも、
周りの目線も関係ない。
あらゆるものから自由になって、
思いっきり女の子であることを
楽しんでもらえる
居場所になったら嬉しいです。

ずっと私は、
誰かに魔法をかけてもらうことを
望んでいました。
でもそれはきっと違っていて、
誰もが自分の中に
何かを変える力を
持っているのだと思います。

私の中にいる一人の少女。
その子がいつも
私を元気にしてくれる。
私のすべてを変える
魔法をかけてくれる。

私、思うんです。
女の子は皆自分の中に
魔法を持っているって。

そう。女の子って
存在自体が魔法なんです。
あなたの中にもきっと
魔法の力があるはずです！

あっ、お伝えし忘れてました。
「ミスインターナショナルクイーン」は、
2年後の2015年に再びチャレンジしました。
結果は「ミス・フォトジェニック賞」を受賞しました！

それから、SRSに最後まで反対していた母は、
男性だった頃とは見違えるように明るくなった私を見て、
「よかったね」と声をかけてくれました。
手術後の女性名への改名手続きも、母のおかげで
とどこおりなく進めることができました。

こうして私は、ささやかな幸せを手にすることができました。
次は私が、皆さんを幸せにしてあげる番です！

（エッセイにつづく）

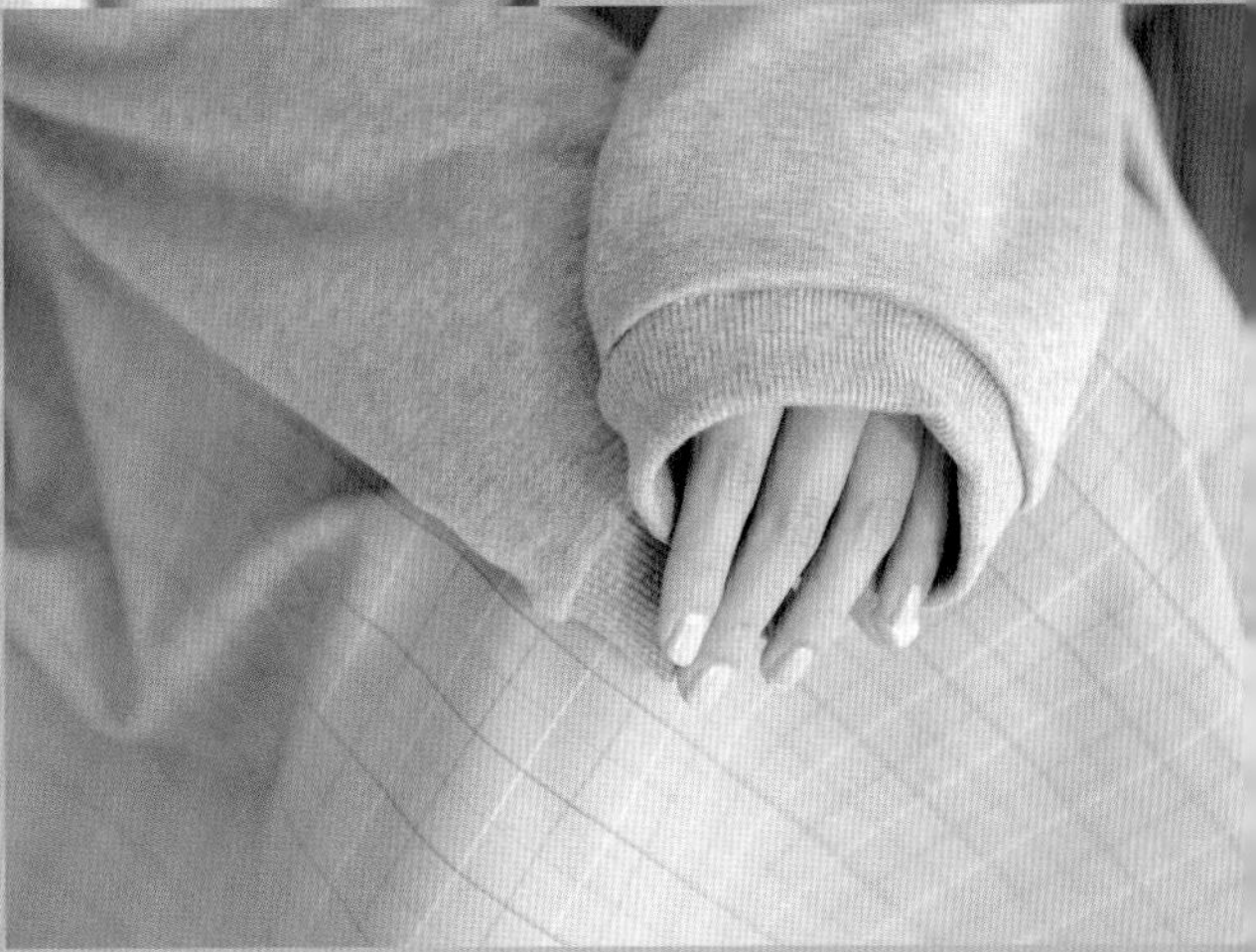

Nishihara Satsuki
Onnanokotte Maho Dayone

Part 2
Onnanokotte
Maho
Dayone

Essay by Satsuki

性別が変わっても「私」は「私」

ここ数年、性のあり方全般を示す言葉として「セクシュアリティ」という表現を耳にするようになりました。私の場合、その中でいうところの『トランスジェンダー』という括りで呼ばれる機会が増えています。ですが、私の中では、特にトランスジェンダーとして生きているという意識はありません。あえて言うなら、数あるアイデンティティのひとつとして「性別を変えた過去」がある、くらいの感覚です。

これまでの私の人生経験の中で、性別を変えることが大きなターニングポイントであったことはまぎれもない事実です。ただ、そのことにずっととらわれてしまうのも少し違うなと思っています。日常はどんどん続いていきます。性別を変えたからといって、そこがゴールではないですし、劇的に生活が変化するわけでもありません。その人そのものが変わるわけでもないですから、「性別を変更しました。今日から私のことを女性として見てください！」と周りに伝えても、きっと戸惑うばかりでしょう。それまで自分が築いてきた人間関係の中でもう一度、人生を仕切り直すタイミングなのだと思っています。

一時、性別を変えたら人生も変えられるのではないかと本気で信じていたことが、確かに私にもありました。が、実際には変わったのは外見上の性別だけで、化学変化のように自分という人間性がまったく違うものになったわけではありません。本当の意味で人となりまで変えたければ、自分で努力するしかないのです。

よく、「男性として生まれた過去が嫌なことはないのですか？」と聞かれることがあります。正直なところ、嫌な時期もありました。鏡に映っている自分なんて、１ミリも認めたくなかった。でも、そんな昔の自分があったから、今の私がいる。今は、過去も、この身体も、これまで起きた出来事も、すべて含めて〈自分〉なんだと思っています。それ以上でもそれ以下でもない。ただありのままを受け入れて、そこから始まる未来に期待してみようと思っています。

そう。私の人生は、私にしか生きられないのだから。

Ⅱ インターネットは〝魔法のタクト〟

性別を変えていくという過程の中で、インターネットの存在は、私にとってある意味命にも等しいものでした。

望みの性に移行するための方法なんて学校の授業では教えてもらえなかったし、テレビでも取り上げられることもほとんどありませんでした。中学生の頃は、何を調べれば身体を変えられる情報に行き着くのか、まったく検討もつかなかった。なので、まるで何かに取り憑かれたように理科を勉強し、少しでもヒントが得られればと大学入試の問題を解いたりもしていました。

でも、どんなに学んでも、私の望みを叶えてくれる方法にはたどり着けませんでした。

「結局、学校では教えてくれないことなんだ」

そのことに気がついたとたん、学力は一気に低下。それまで学年上位の成績をキープしていたのに、高校に入学した頃には学年最下位に近いところまで成績が落ちてしまいました。

その頃の私は、学校の勉強って自分の夢を叶えるためにするものだと信じていました。けれど、私がなりたいものはテレビにも教科書にもありませんでした。そして、大人が誰も教えてくれないその答えを探し回り、ようやくたどり着いたところ。それが、インターネットの世界だったのです。匿名の掲示板やSNSを使って、欲しい情報をたくさん仕入れることが嬉しくてしかたがなかった。毎日がもう、宝の山を掘り当てているような気持ちでした。

このことで強く感じたのは、私たちがふだん教科書やマスメディアで目にする情報のほとんどは、実際はパズルの1ピースのように全体のごく一部であったり、誰かが規制をしたりしているものなのだということです。

世界はもっと広くて、際限なく情報が広がっている。誰かが決めたルールや枠組みの外に、たくさんの夢や希望があふれています。知っていることよりも知らないことのほうが圧倒的に多い。でも、欲しい情報を手にすれば、できなかったことができるようになるかもしれないですよね。

外に出てみると、自分が手の届く範囲って、ビックリするほど狭いことに気がつきます。でも、知識も情報もないうちは、なかなか思い描く人生への最初の一歩が踏み出せない。そんな自分の知らなかった知識の泉へと誘ってくれたインターネットは、まるで宇宙そのもの。どこまでも広がっているのに、ちゃんと現実世界とリンクしているのです。

インターネットは私にとって〝魔法のタクト〟のようなもの。この世にインターネットが存在しなかったら、私は今もずっと男性のままだった…かもしれませんね。

Ⅲ

身体が変わって私の身に起きたこと

「身体が変わってから体質や性格は変わりましたか？」と聞かれることが今でも時々あります。先ほどお話ししたように、心の中はそれほど大きく変わってはいないのですが、やはり身体が変化してしまうと、いろいろなことが変わってきます。

最も顕著だったのが、体力が落ちたことです。筋肉の量が少なくなり、昔は平気で持ち上げられたものが腰のあたりまで上げるのが精一杯だったりするなど、身体がとにかくひ弱になってしまいました。皮膚も弱くなり、ちょっとしたことでかぶれてしまったり、内出血したりと、女の子の身体って本当にか弱いんだなぁということを身をもって経験しました。

それから、身支度にとても時間がかかります。肌ケア、髪の毛のケア、身体のケアでむくみをとったり、メイク、ネイル、ファッションと、とにかく時間と手間がかかって大変です。栄養バランスに気を配って食事にも気をつけたり、肌が荒れないように睡眠サイクルを考えたり。身体が冷えないように温かいものを飲むようになったり…。気にしなければいけないことが昔よりもすごく増えて、時間がどんどん足りなくなってしまいました。

身体が変わることで生活のリズムも変わってしまうので、それに合わせて考え方や行動も変えるようにしました。毎日のスケジュール管理をしっかり見直して、季節に合わせて洋服もコスメも変えるように。とにかく準備をきちんとするようになって、考えて行動するようになりました。男の子の時って勢いだけでいけることも多々ありましたが、女の子ってなかなかそうはいかないんです。日々の準備と段取りが大切なんだなぁ、と改めて実感しています。

そういう意味では、昔に比べて、マメになったのかもしれませんね。

Ⅳ なぜ性別のことをオープンにしたのか？

「どうして自身の性別のことをオープンにしているのですか？」
といろいろな方にとてもよく聞かれます。人によってさまざまな意見があると思うのですが、個人的には隠すことではないのかなぁと思いました。というか、やっぱりなかなか隠せないですよね。人生の半分以上の歴史を隠して生きるよりも、ありのままの自分でいたいなと思うようになったから、というのが正直な気持ちです。

もし私が、自分の人生を隠して、誰かに嘘をついてしまう生き方をしてしまったら、それって最期を迎える時に絶対に後悔すると思うのです。自分の姿に対しても同じで、自分の気持ちに嘘をつくことができなかった。ある意味、とても素直に生きているのだと思います。自分に対しても、周りに対しても。隠すことや、我慢することがなくなってからはすごく肩の力が抜けたというか、毎日が楽しくなりました。

自分に素直になる前は、こんなことをみんなに伝えて嫌われてしまったらどうしようとか、すごく生活しづらくなってしまうんじゃないかと不安になって、将来のこともまったく考えられないくらいに深く落ち込んでしまうこともあったのですが、そういう時って狭い場所に閉じ込められて、世界が小さくなってしまっている時なんだと思います。その怖さみたいなものの殻を破って一歩外に出てみると、「あぁ、世界はこんなに広いんだ」と、今まで悩んでいたことが嘘のように一気に軽くなる。知っていることよりも知らないことのほうがきっと多くて、見えているものよりも見えていないもののほうがきっとたくさんあって、これから先にたくさん出会うはずの私の未来と、創り上げられていく思い出たちの中で、性別というものはたくさんあるピースの中のひとつに過ぎないのだと思うと、すべて正直に話をすることが、とても前向きなことに思えます。

今、あなたが自分のことをうまく話せなくてもどかしさを感じていたら、慌てないで、少しずつでいいから、ゆっくりと自分の世界の外の景色に目を向けてみてください。私に何かお手伝いできることがあれば、ぜひ。

差別する人なんてスイーツにしちゃえ♡

最近ふと思うことがあります。人って頭で理解するよりも、心で納得する生き物なんじゃないかなって。

私自身、理屈でどれだけ正しいことを伝えても、相手に響かないことがしばしばありました。頭を使って伝えようとしていたからでしょうか。でも、頭を使って覚えたことって、一生懸命暗記した数学の公式みたいに、大人になると思い出せないこともある。それよりも、一緒にいて楽しいこととか、話を聞いて心が揺さぶられた言葉とか、そういうものって一生覚えていると思うんです。たとえば、楽しかった友達との会話とか、何年月日が流れても覚えていたりしますよね。それはきっと、「心」が覚えているんです。

差別や偏見という言葉をたまに耳にしますが、すべてが悪気があって発言されたわけではないと思うんです。実はただ知らなかっただけで、誰かを傷つけようなんて露ほども思っていなかったかもしれません。そんな時は、みんなで一緒にスイーツでも食べちゃいましょう。そうやって同じ思い出を作っていって、悪い気持ちも全部お砂糖で溶かして、少しずつ一緒に歩み寄ることのほうが、世界を平和にできる気がしています。

それでも差別や偏見から目覚めないようなら、いっそのことその人をスイーツにしちゃいましょ！「この人、いちごのタルトみたい」なんて想像したら、なんだか可笑しくなってきませんか？

笑顔は最高の魔法です。もしかしたら、あなたの笑顔で誰かの心を目覚めさせることができるかもしれませんよ。

Ⅵ 見えないところで誰かが支えてくれている

何かしようとしても、「ひとりだとどうもうまくいかないなぁ…」と落ち込んだりすること、ありませんか？

よく考えてみればとてもシンプルなことなのですが、自分ひとりですべてをこなすよりも、誰かと分かち合ったほうがうまくいくことって数えきれないほどありますよね。ひとりでは乗り越えられない悲しみも、寂しさも、他の誰かと一緒なら乗り越えられそうな気がする。楽しいことも、美味しい食べ物も、他の誰かと分け合うほうがずっと嬉しかったり。きっと最初から、世界ってそういうふうにできているんじゃないかな。

「自分は世界でひとりぼっちなんだ」と思ってしまう時って、多分、何かに疲れている時なのだと思います。私も、今でもたまにそういう気持ちになってしまいそうな時があります。そんな時は、美味しいものを満腹になるまで食べて、いつもより長めにお風呂に浸かって、早く寝てしまいます。夜更かしは美容の大敵なんて言いますが、肌だけでなくメンタル的にも大敵なんですよ。

今では私も、10年前、20年前に想像していた未来よりも信じられないほどに多くの夢が叶って、さらにその夢の先を走っています。こんなふうに今いられるのは、大切な人たちに支えられているからだと思います。自分以上に私のことを考えてくれる人がいる。それって本当にすごいことだなって。

だから、私も誰かの支えになってあげたい。少しでも私なりに何か恩返しができたら、それ以上に嬉しいことはないです。みんなの笑顔を見ている時が最高に幸せだし、みんなで一緒に何かを達成した時の充実感がたまらなく好き。ひとりで表に立つこともあるけれど、そんな時も、実は見えない所でたくさんの人に助けてもらっていたりします。そう。みんなが応援してくれるから、もっともっと前を向いて歩いていける。

私に何かできるとすれば、みんなの気持ちを大切に受け止め、それを伝え、届けて、あとはすべてに感謝をする。それが唯一の自分の役割なんじゃないかと、最近よく思います。

もし、誰にも相談できなくてつらかった頃に、自分はひとりじゃないって気づけていれば、もう少し寂しい思いをしなくて済んだのかもしれません。だから、今は同じように悩んでいる人を見つけたら、きちんと伝えてあげたいな。

「あなたはひとりじゃないよ！」って。

Ⅶ 女の子って魔法だよね♡

私、新しいものが大好きです。特に、その時の流行には目がありません。新しいものが出てくるとすぐ飛びつくし、楽しんでいる自分自身も大好き。タピオカも韓国コスメもＹｏｕＴｕｂｅも、流行りだしてすぐに試しました。

もしかしたら、飽きっぽいのかもしれません。今はそれを楽しんでいるけれど、来年の今頃はきっと全然違うものを追いかけていると思います。でも、それでいいんです。そうやって新しい時代をどんどん波乗りして行くほうが、生きているって感じがするし。

こんなことを言うと、薄っぺらいなとか、中身がないとか思われるかもしれないですよね。でも、それでもいいと思います。聴いている音楽や身につけている服装で相手の価値を見定めるなんて、今どきナンセンスです。誰がどう評価しようと、好きなものをとことん追い求めていきたい。

そう、女の子は、夢を追いかける生き物なのです。

インターネットの世界が宇宙みたいにどんどん広がって、たくさんの情報が光の速さで手に届いて、まばたきした瞬間に世界が変わっていく。何もせずに家に閉じこもっていたら、あまりにももったいないです。

新しいものを取り入れるって、自分をバージョンアップさせている感覚です。だから買い物も大好きだし、目新しいスイーツが登場したら、すぐ食べに行く。新しいコスメも必ずチェックします。いつまでも変わらない自分なんて、なんだかつまらないじゃないですか。

女の子の一番の楽しみって「変化」することだと思うんです。ごく普通の少女がキラキラのアイドルになるように。だったら、自分で変化を楽しまなきゃ。メイクをして、可憐な衣装で、キュッと口角を上げて、鏡の前でポーズを決めて、はい完成！　スマホもアプリもどんどんアップデートするのだから、自分自身もアップデートしていかなきゃ。ライバルは他の誰でもない、過去の自分。昨日よりも1ミリでもキレイになれたら、嬉しいですよね。

女の子はみな「魔法」を持っています。だったら、存分に使いこなしましょ！

VIII

恋愛観について

恋愛って、誰のためでもない、自分のためにするもの。「どんな相手といる時の自分が一番好きか」を頭において、相手を決めるようにしています。

恋人として一緒に時間を過ごせるのなら、やっぱりお互いに成長できる相手がいいですね。自分ひとりでは見ることのできない景色を一緒に見られる相手が現れたら、本当の意味で自分のパートナーなんだろうなと思っています。

実は、私は大の人見知りで、初めての方とお話しする時はめちゃくちゃ緊張しています。初対面なのにスラスラと話をするのは、実は緊張を隠すために事前に頭の中で何度もリハーサルしているから。

きっと変ですよね。でも、ひと頃は頭の中が真っ白になって、誰とも上手く話せずにその場が終わってしまうことが何度もあったので、ドラマのセリフを覚えるように、事前に話す内容を繰り返しリハーサルするようになったんです。よく笑うのも、恥ずかしい気持ちをごまかしているから。

こんな具合ですから、好きな人を目の前にしたら、支離滅裂になること間違いなしです(笑)

恥ずかしがり屋で、引っ込み思案で、目を合わせることもできないいくらい内気で、何を話したらよいかわからずに意味のわからないことを言ってしまう。あがり症で、すぐ汗をかく。加えて、本当はとても無口。そんな私でも、笑ってくれる人だったら嬉しいなぁ。

よく、ひとりで何でも抱え込む癖があったり、つらいことがあっても誰にも伝えられなかったりすることがあります。もしかしたら、誰かを頼りにすることに慣れていなくて怖いのかもしれない。あるいは、誰かの支えなしに生きていけない自分になってしまうことが怖いのかもしれませんね。

物事を深く考えすぎてしまう私ですが、そんなことを気楽に何でも笑い飛ばしてくれる。そんな人に巡り会えたら、最高に幸せです。

Ⅸ 子どもについて思うこと

「お子さんは欲しいと思ったりしないんですか？」と、ときどき尋ねられることがあります。

私自身子どもは大好きで、できることなら自分の子が欲しかったなぁというのが本音です。身体を変える代償として、自分の子どもを授かることができなくなるということはもちろん理解していたので覚悟はしていたつもりなのですが、やっぱり多少の残念な気持ちはあります。一時期はそれが原因でふさぎ込んでしまい、家から出られなくなった時期もありました。

人はどうして子を作るのでしょうか、と考えると少し哲学的ですね。自分と自分の愛した人との間に、愛した答えを残したい。この世界から去ってしまう時、次の未来に何かを残せるように。それから、自分が受けてきた愛情を誰かに与えたいという気持ちや、ひとりだと寂しい人生も、一緒に歩める家族がいればきっと楽しいはず。でも、そんな誰もが当たり前に持つ気持ちを、私は叶えることができないかもしれない…。このことは、もしかすると私の人生において乗り越えなければならない課題なのかもしれません。

最近は、少し気持ちが楽になってきました。おそらくは、自分の役割とか、未来に残せるものが見えてきたからかもしれません。人は元来、世界を良いものにしていこうとする生き物なのだと思います。その役目が果たされる時に、初めて生まれてきた意味がわかるような。

私の場合は、まだまだたくさん悩んでいる自分と同じような境遇の人たちの、何かの手助けになれたらいいなぁと考えています。もともと生徒会長を務めたり、部活動の部長にもなったりしていたので、人に頼りにされることは好きなんだと思います。誰かの心の支えになれるような人に、血のつながりも関係なく、つらい時に思い出してもらえるような頼もしい女性になれたら嬉しいです。

「乙女塾」で私たちにできること

2016年6月4日、女の子らしくなるためのレッスンスクール「乙女塾」を開校し、スタッフとともに運営しています。服装の選び方やしぐさをはじめ、メイクやボイスレッスン、料理教室など「女の子らしさ」を磨くメニューを取り揃えており、10代から70代までと幅広い方々が毎回足を運んでくださっています。レッスンは月平均10〜15日。コマ数では月に最大190レッスンほどにもなります。

利用者の皆さんと接していると、共通して感じることが多々あります。たとえば、さまざまな理由から自分のなりたい姿を追い求められない方をよく見ます。きっと家族とか、職場とか、学校とか、優しい人ほど自分以外の誰かのためを思ってしまって、本当の自分らしくいられないのだと思います。

人は、本能的に本来の自分の心地よい状態をちゃんと知っています。私の場合は、それは「女性でいる」という状態です。多分、人間誰もが最後まで自分の心地よい状態、なりたい姿を追いかけているんじゃないかなと思います。

もし道に迷っている人がいたら、最初の一歩、二歩を一緒に踏み出すことをお手伝いできたらいいなと。そういう思いを常に抱きつつ、乙女塾では皆さんと接しています。ただ自分の考えを一方的に押しつけても、求める姿＝ゴールはそれぞれ違います。かと言って、何もしないのも不親切。だから初めの一歩、二歩だけ、一緒に歩めるように。手と手をつないで、同じ歩幅で。

やっぱり、最初は怖いんです。だから初めの一歩、二歩だけ、一緒に。あとは、自分の足で歩いていけます。

XI

キミの可能性は∞《むげんだい》だよ!

２０１９年に入ってから、菅公学生服さんと制服のイベントでしばしば全国の中学校や高校を訪れています。どの学校でも圧倒されるのは、みんな元気いっぱいで、目がキラキラしているんです。当時の私が見たら、きっと羨ましいと思っただろうな(笑)

それで、帰りの新幹線の中とかでその子たちの笑顔を思い出しながら、ふと思うんです。私に子どもがいたとして、あの子たちと同じ年頃になったら、どんなことを教えてあげられるかなって。

たとえば…

未来はやってくるものでもなければ、与えられるものでもない。いつかその手で創り出すものだよ。

「自分は勉強ができない」「〇〇ちゃんみたいに可愛くない」って気持ちもわかる。でも、人それぞれ成長のスピードは違うから、焦らなくていいよ。一歩一歩、確実にその足を一段ずつ前へ進めていこう。

誰かを見下しても、何も得られないよ。本当はみんな、横ならび。一人ひとり、デコボコの形が違うだけなんだ。優越感に浸るより、助けてあげる気持ちを持とうね。自分が助けてもらうことだってたくさんあるのだから。

でも一方で、自身の才を疑うことなく、中に在る閃きと煌めきを信じ続け、それらを磨くことに時間をかけていこう。自分を導いてくれる先生や先輩には敬意を払いつつ、でも謙虚になり過ぎず、常に適度な加減を覚えること。でも、言うは易しで、失敗することだってたくさんある。その失敗から学んでいけば、確実に人間は成長するから。心配しなくて大丈夫だよ。

答えって必ずしもひとつじゃないよ。常に同時にいくつも存在する。だから、視野を狭めず、世の中は可能性に満ちていることに目を向けていこう。

そして、この世界にもし運命が存在するとしても、自分にはそれを変える力があるのだと信じて！　時にどこまでも永遠に続いてしまうような境界線も、あなたが望めば、超えることができる。

例え道に迷った時も、自分の中の光が、その先をきっと照らしてくれる。

…なんだか、おせっかいな母親みたいですね（笑）

XII

女の子だって、食べたいよね！

私が最も幸せを感じる瞬間、それは何よりも「食べている時」です。寝ている時も好き。案外単純です。甘いものも苦いものも、最近では辛いものも全部好きです。食べられないものは納豆。それ以外は何でも食べるようにしています。

本当に美味しいものを食べている時って記憶が飛んでしまうことってありませんか？　もしかして、私だけでしょうか（笑）「美味しい！」という感情で頭の中がいっぱいになってしまって他のことが考えられない、人の話が耳に入ってこなくなっちゃうんです。でも、頭の中が真っ白になっている瞬間って、個人的にはとても心地よくて好きです。仕事柄、普段は誰かと話していることのほうが多いですが、その反動なのか、しばしばひとりで外食もしています。

無言で、無心で、黙々と。みんなで一緒に食べる楽しい時間も、ひとりで味わうひと時も、どちらも私の大切な時間なのです。

XIII 初めてこの世界を歩くような気持ち

「性別が変わるって、どんな気持ちなんですか？」
「どんな時に自分が女性だと感じるんですか？」
このような質問を受けることがしばしばあります。

明確にこのタイミングでこんな気持ち、というものがハッキリとあるわけではないのですが、ずっと暗くて、ずっと窮屈で、長く閉じ込められていた場所からやっと光の差し込む世界へやってきたような気持ち、というのが一番近いかもしれません。まるで鉛のように重々しい灰色の景色に、初めて彩りが灯ったように。

身体中に浴びる光の粒。飛び跳ねるように頭に響く音。心で思い描いたり、感じていることが自由に表現できる身体。風が鼻先から頬を伝い、身体を吹き抜けていく感覚。瞳の奥まで届いてくる色。走った時に伝わるアスファルトの感触。石鹸の甘い匂い。包み込んでくれるようなベッド。握った手の温かさ…。

すべてが初めてのことみたいに、新鮮で、純粋。まるで世界が魔法にかかったように美しくて、キラキラと輝いていました。

今でもあの時の気持ちや風景は鮮明に覚えていますし、これから先もずっとずっと、私の中で息づいていくのだろうなと思います。それは、私にとっては大切なお守りのようなもの。この大切な記憶を胸に秘めつつ、目の前に広がる素晴らしい世界を一歩一歩進んでいきます。

XIV 朝は〝生まれ変わる時間〟

朝が好きです。毎日生まれ変わるような、新しい自分に出会える瞬間だから。

目が覚めて、でもすぐにベッドからは出ずに、少しゴロゴロしながら寝たり起きたり。夢と現実を行き来しているこの時間が、一日で一番心地よいひとときです。

しばらくしてから、少しだけ勢いをつけて身体を起こして、大きく伸びをする。カーテンを開けて、朝日を身体中に浴びて、瞳の奥に光を入れて、頭を起こしていく。コップに一杯、水を入れて、身体の中から潤いを。今日一日の予定を確認して、頭の中でイメージしながらシャワー室へ向かう。頭からシャワーを浴びて、ゆっくりと身体を温めながら歯磨きを。石鹸で全身を洗い上げたら髪の毛をシャンプー。毛先までトリートメントを揉み込みながら、優しい香りに包まれる。そして顔を洗ったら、ドレッサーへと向かう。バスタオルで髪の毛を拭く時はていねいに、優しく水分を取って、鏡の前へ座る。化粧水を顔にたっぷりとつけて、それから足、もも、肩、腕、手、お尻へと伸ばす。さらに、ミルクの香りのするクリームを顔に塗って、お顔のトーンアップ。髪の毛は先に乾かして、毛先にオイルを馴染ませる。顔にパウダーを少しだけ振って、先にリップを塗るのが最近のお気に入り。それから軽くアイシャドウを重ねて、ビューラーでまつ毛を上に向けて、マスカラを塗る。たくさんつけすぎないように、ナチュラルに仕上げるイメージで。アイラインはまつ毛の隙間を埋める程度で、目元がキツくならないように注意して。チークで頬を赤く染め上げて、眉毛を軽く描いたら完成。

最後にお気に入りの服に着替えて、ちょっとご機嫌な日はアクセサリーも添えてあげる。そして、自分の姿を鏡でチェック。口角を持ち上げて、耳たぶに向かって伸ばすイメージ。上の歯も見えるくらいにニッコリきれいに笑えるように。笑顔が最高のメイクアップです。

今日も一日頑張るぞ。扉を開けて、行ってきます。

XV 作品づくりから人生の機微を学ぶ

２０１６年頃から、さまざまなご縁でトークイベントや講演会などをさせていただいています。話す内容はその時によって異なりますが、多くの場合、主軸となる部分には「自分らしく生きること」「性別を変えたことについて」が含まれています。

こうしたテーマでお話しする時というのは、ある程度、話を聞いてくれる意識が高い人が聴講してくださっているイメージがありました。とても嬉しいことなのですが、一方で「もっと多くの人へ私の想いや気持ちを届けるにはどんな方法があるだろう？」というある種のジレンマも感じていました。そのような折に、あるテレビドラマの製作に関われるチャンスが舞い込んできたのです。

もともとお芝居の世界は大好きで、学生の頃は年間５００本くらい自宅で映画を観ていました。ジャンルは問わずに、レンタルショップの端から端まで全部観てみようという感覚で。それが興じて、その筋では有名な大学の芸術学部映画学科を本気で受験しようとしていました。ですので、お芝居の映像作品に携われるというお話をいただいた時は、それはもう夢でも見ているような気分でした。

実際、プロの世界でお仕事をした経験は皆無でしたので、手探りで懸命に取り組みました。私の役目は、主演の方への所作指導。そして、主人公の親友役としても出演することになりました。見渡すと、スタッフの方も役者さんも一流の方々が並んでいる中、私だけが完全に新人という感じで…。それはもう緊張を通り越して頭の中が真っ白になり、現場でも終始ずっと固まっていた記憶があります。

制作に携われて特に印象深かったのは、「映像作品」というフィルターを通すと、自分の伝えたかった想いやメッセージが想像以上に多くの方へ届けられたことです。ストレートに正面から伝えることだけがコミュニケーションなのではなく、そこにセリフや編集といったひと手間が加わると、性別も世代も超えて、よりたくさんの方々の心に響くのだと知りました。とても貴重な経験だったと思います。

稽古や現場でも、学ぶことがたくさんありました。実践を重ねていく上で感じたことは、難しいことは考えずに、自分らしくそのままでいればよいのだということです。先日もある撮影の現場で有名な役者の方に、自分が経験したことのない役柄など新たな場面に挑む時の気構えについてお尋ねしたところ、「無理しなくていい、背伸びしなくていい。緊張を隠そうとしているとか、よく見せようと繕っているのは観客には全部バレているんです。だから、特別なことは何もしなくていい。ありのままの自分で臨んでください」という言葉をいただき、ふわっと肩の力が抜けて楽になりました。

しかもこのお話、お芝居に限ったことではないのです。たとえば、メイクやファッションなども通じる部分があるなと。無理してよく見せようとするものって、違和感があるなぁと思いました。それからは、自分を偽るためのメイクではなく、自分のよさ＝個性を引き出すためのアイテムとしてお化粧するようになりました。ファッションも同じように、自分が一番楽にシンプルにいられるものが素敵だなって。外見と内面のどちらが大切かといった話題をたまに見かけることがありますが、私自身はどちらも大切にしています。というよりも、二つとも密接につながっているものなんだなぁと思います。内面が曇っているとどんなに隠そうとしても顔や身体に出てしまう。反対に、外見が満足いくように整うと晴れやかな気持ちになり、内面まできれいになったように感じたりします。やっぱり連動していますよね。

作品づくりを通じて学んださまざまなエッセンスを日常に活かしながら、もっともっと自分を磨いていきたいなと思います。

XVI

日々の努力は最大の味方

女性として生きようと決心してから、17年ほど経ちました。ここまで自分にとってすごく長かったような、あっという間だったような。もちろんその間にたくさんたくさん失敗もしましたし、何度も苦い思いを経験しました。

生まれて初めてメイクをしてスカートを履いて外を歩いた日のことは今でもすごく覚えていて、今まで見た景色とはまるで違っていました。電車に乗って隣町のショッピングモールへ足を運ぼうとしたのですが、緊張しすぎて結局は駅の改札を通れずに家に引き返しました。多分20分ぐらいの出来事だったと思うのですが、その何倍にも長く感じました。

私は背が高いこともあってか自分にあまり自信がなくて、コンプレックスも人一倍多い方。人にはできるだけそういう部分を見せないようにしていますが、「こうだったらいいのになぁ…」と思うことは、もちろん私にもあります。少しでも理想の自分に近づきたくて、努力をすればそうなれるんじゃないかと思って、ファッションからメイク、美容、表情の作り方、歩き方までたくさん勉強しました。立ち振る舞いに関しては、仕事柄さまざまな女優さんを近くで見ることができるので、今でもとても参考にしています。

自分の望みどおりの姿になることとって、頭で思い描いている以上に時間がかかるものです。私は特に何にでも時間をかけてしまうタイプなので、理想に近くなってきたなと思えるまでにかれこれ17年要してしまいました。ひとつのことを追いかけて、右も左もわからないけれどとにかくひたすら走り続けていたら、何となくでもそれっぽい形になるんだなぁと、この17年間を振り返ってみて改めて実感しました。

「どうすれば女の子らしくなれますか?」

さまざまな場面で、最も多くいただく質問です。私の経験をもとにお答えするならば、とにかく練習する、これに尽きると思います。

自分に合うメイクを見つけるために、毎日のように帰宅してからお風呂に入る前にメイクの練習を続けていましたが、それでも上手にできるようになるまでに1年はかかりました。さぼっていたら、今も悩んでいたかもしれません（笑）

とはいえ、どれだけ家で上手にできたとしても、いざ外に出て、知らない場所で、知らない人を目の前にすると、途端に何もできなくなってしまうこともあります。イベントで事前に話すことをある程度準備しておきながら、いざ本番になると頭の中が真っ白になり、何も話せなくなってしまったほろ苦い経験が何度もありました。それゆえ「うん。何とかできたぞ！」と思えた時の喜びは、格別なものがあります。

そうやって、人はいくつになっても成長を重ねていく生き物なのかな、と思います。

ふたつの大きな夢に向かって

「夢はありますか？」

この質問を受けると、私はいつも答えに戸惑ってしまいます。実を言うと、やりたいこと、両手では足りないくらいたくさんあるんです。

今、私は33歳。人生あと50年くらい残されていると思うのですが、50年だとやりたいこと全部やれるかなぁとか、目的地までたどり着けるかなぁと、少し焦ったりもするくらいです。

山ほどあるやりたいことの中で、今心に抱いている目標がふたつあります。ひとつ目は、先にお伝えした「乙女塾の全国ツアー」です。最近では遠方から通ってくださる方もすごく増えました。東海、関西、中四国、九州、沖縄、それから台湾や中国、シンガポールからも来てくれる方もいます。世界的に珍しいスクールのようです。いつも遠くからバスや飛行機で来てくれている人たちがいるんだったら、自分たちで生徒さんの元へ向かいたいなと思って。ふだん遠征で向かう際には、東京から車に荷物を載せて、高速道路を走ってみんなで現地に向かいます。いつもはなかなか会えないさまざまな土地の皆さんと触れ合えるのは本当に楽しいし、来てくれた人が楽しそうにしてくれている様子を目の当たりにしていると、この塾を続けていて本当によかったなぁと嬉しさがこみ上げてきます。今はまだ一部の地域にしか行けていませんが、いつかは全国ツアーみたいにたくさん周れるようになれたらいいな。

そしてもうひとつの夢。役者として、もっともっと羽ばたきたい。乙女塾の夢が関わってくださるみんなと達成したいものだとしたら、ふたつ目のほうは、自分自身の夢です。

とあるドラマの撮影現場でのことでした。私はそこに監修として関わらせていただいたのですが、大きな橋の上で行われたロケがものすごく大掛かりで、数え切れないほどたくさんのスタッフさんがひとつになって作品を作り上げていく過程を目の当たりにしながら、背筋がゾクッとするくらいの感動を覚えたのです。そして、何よりもその場の中心にいられる役者さんって素直にカッコイイなぁと思いました。

みんなの想いを身体で伝えるという役者としてのミッションに極限まで精神を集中させながら、それでいて誰よりも気遣いができる。そんな姿に惚れ惚れしながら、「私、これを一生の仕事にしたい！」と思いました。30代になってから目指すものではないのかもしれないけれど、まずは10年、チャレンジしていこうと思います。

見てくれた人に元気を届けられる。そんな存在になれたら、最高にハッピーです！

Nishihara Satsuki
Onnanokotte Maho Dayone

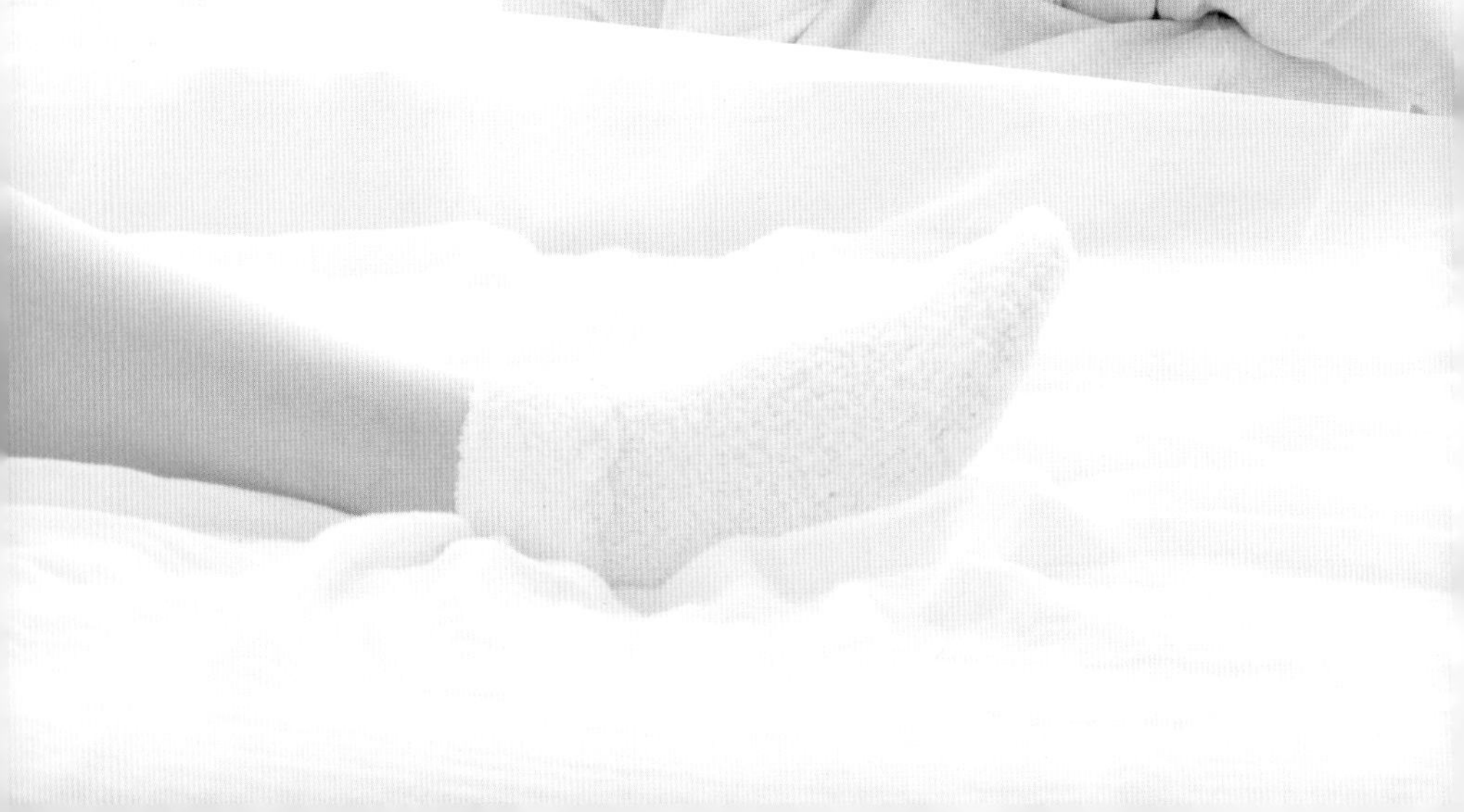

Part 3 Onnanokotte Maho Dayone Special Talk

特別対談

誰もが夢を叶える魔法の杖を持っている

西原さつき × 瞬

Nishihara Satsuki × Syun

性に対して悩んでいる時、当事者は、家族はどう対応するのが望ましいか。

自らの体験をもとに、西原さん、そしてラジオ番組や講演会などを通じてLGBTの支援のため幅広く活躍されている瞬(しゅん)さんに対談していただきました。

[撮影場所・制作協力]新宿ダイアログ

「うちの子、トランスジェンダーかも…」と感じたら?

しゅん：さつきさんとはイベントなどでご一緒させていただいていますが、改めてこういった形でお話ができて本当に嬉しいです。よろしくお願いします。

さつき：私も嬉しいです。よろしくお願いします。

しゅん：では、私からいくつかのテーマについて質問するかたちで進めさせていただきます。最初は、親の視点からの質問です。おそらくさつきさんもご相談を受けることがあると思うのですが、「うちの子、トランスジェンダーかしら…」と感じたら、どう接するのがよいでしょうか。

さつき：最初はびっくりしますよね。私の父や母も、子どもが後々性別を変えるなんて想像もしていなかったでしょう。乙女塾でも、最近は思春期前後のお子さんとお母さん、お父さんと一緒に来られるケースが増えてきているんです。実際にお話をしてみると、当人はもちろん、保護者の方もどうすればよいのか困っているようすがひしひしと伝わってきます。

しゅん：うん、わかります。私がカミングアウトした頃は自分のことで精一杯だったからそこまで気が回らなかったけれど、私たちの親の世代って私たち以上に知る機会がなかったですよね。やはり、当事者の親の気持ちの拠り所、矛先というのも考えなければ、と今になって感じます。

でも、いちばん大事なのは、子どもがどんなセクシュアル・マイノリティであっても、親子、家族なんだということ。その一番シンプルで大切なことを忘れないでほしい。難しく考えないでほしいですね。

さつき：私は姉と両親の四人家族ですが、姉は「やっぱりそうなんだね」とわりとさらっと受け止めてくれました。父は、すごく喜んでいるというか、テンションが上がっている感じ（笑）　反対に母は、性別を変えた後幸せに暮らしていけるのかずっ

瞬 Syun

渋谷のラジオ「渋谷のサンデー 神二の愉快な仲間たち」第2週目担当、イベントMC、世界的メイクアップアーティスト・西村宏堂氏のトランスジェンダー向けメイクセミナーや資生堂のメイクショーのモデル、企業・医療現場・教育現場等でのLGBT研修・講演の講師など、トランスジェンダー・MtF当事者として、各方面からLGBTを伝えていく活動をしながら、2019年1月より、SDGsをテーマにしたカフェ／バー「新宿ダイアログ」バータイムの店長を務める。

と心配していましたね。「仕事はどうするの？」「周りはそれで大丈夫なの？」と詰問攻めに遭いました。でも今では、「すごく笑うようになったね」って言われて。仕事もし始めてからは、女性として生きているほうが幸せなんだと伝わったのか、何も言われなくなりました。

しゅん：親にとって、子どもはいくつになっても子ども。結局親は子どもが一社会人として仕事をして生きていけるか、そこに行き着くんですよね。トランスジェンダーって就ける仕事が限られていて、まともに生きていけないんじゃないかって。でも、そうじゃない。もちろん個々の努力は必要だけど、今はだいぶ生きやすい世の中になってきている。そのことを親や家族に限らず、社会に、特に同じ悩みを抱えている若い世代の子たちに私たちももっと伝えていけたらといつも思っています。

それと、もしお子さんが性のことで悩んでいたら、愛していること、自分は味方だってことを伝え続けてほしいです。ひとりじゃないんだよって言ってあげることが、一番の救いだと思いますね。

さつき：そうですね。私も強く共感します。

性に違和感を覚えたらどうすればいい？

しゅん：次のテーマは、「性に違和感を感じたらどうする？」です。さつきさん自身が「何かおかしいな」と感じたのはいつ頃でしたか？

さつき：私の場合は、物心ついた時からそういう思いがありました。なんと言えばよいか、「自分を表現する方法が、なんだか窮屈な感じがする」というのがニュアンスとしては近いかなと。

しゅん：ありがとうございます。私も、内面的にはあくまでも自然に女性として生きてきたし、今もそう。昔は世間体や周囲の人たちの目を気にしていたけれど、それらはすべて無責任なものだから、自分を信じて自分らしく生きていけばいいと思います。人間なんとか生きていけるから。

さつき：そう。人間なんとか生きていける（笑）

しゅん：違和感を覚えたら、周りを気にせず自分を信じ続けること。それに、もう一度見渡してみると、実は味方になってくれる人が必ずひとりはいると思う。さつきさん、いませんでしたか？

さつき：そうなんだ。気がつかなかったです。ちゃんと見ていなかったのかな。

しゅん：えっ、本当にひとりで悩んでいたんだ。

さつき：今と違って、昔は素直に誰かに自分の気持ちを伝えられない時期がすごく長くあったんです。どうせ理解してもらえないだろうな、みたいな。周りの人に「話してみて」と促されてやっと自分を出せるようになったので。でも実際、みんながみんな簡単に前向きに勇気を持って言えるものじゃないと思うんですね。それを家族や大切な人、職場やコミュニティで毎日会う人に性自認について話をするとなると、相当な勇気がいると思うんです。

しゅん：普通はそんな機会、なかなかないですね。

さつき：そのかわり、一度殻を破ってしまうと、実に清々しかったです。私の場合は2013年にタイで開かれた「ミスインターナショナルクイーン」に出場した前後にカミングアウトしたことが大きな転機でした。結構反響は大きくて、その頃綴っていたブログのコメント欄には「さつきさんは自分のセクシュアリティをオープンにして嫌じゃないんですか？」とたくさんの方からメッセージをいただきました。先日受けたとあるオーディションでも、自分の性的指向や性自認について許可なく暴露（アウティング）されたことを激しく

怒るという演技を求められたのですが、担当の方に「自分のセクシュアリティを暴露されたりしても平気なんですか?」と言われて。おそらくその演技では嫌そうに見えなかったのでしょう。役としてはもっと怒りの気持ちを高めなければという反省はありますが、反面、自分の性のことがオープンになっても気持ちがぶれなくなってきたんだなと。

しゅん：さつきさんは、あえてセクシュアリティに触れなくても女性として生きていける人なのに、それでも次の世代に向けて発信しているのはすごいことだなって思います。私たちのような境遇の人間にとって、一部の限られたお仕事以外に就くのはなかなか難しいのかなって思っていたけれど、一女性として一般企業に勤めたり、女優として活躍したりできることを身を持って教えてくれた。とても大切な存在なんですよ。

さつき：ありがとうございます。もっともっと、みんなが生きやすい世の中になるよう、できることから挑戦していきますね。

女の子が「これって魔法だよね」って思える瞬間は？

しゅん：さて、３つ目は本書のタイトルにも通じるテーマですが、女の子が「これって魔法かも！」って思える瞬間についてです。さつきさんはどんな時に感じますか？　たとえば、女の子だなって実感するきっかけとか、女子の特権だよね、とふと思う瞬間とか。

さつき：これ、もう明確にイメージある！　「変化する時」です。たとえば魔法少女もののアニメでも、主人公の女の子が戦う時になると変身するじゃないですか。普段は普通の女の子なのに、変身して正義の味方になるとか、アイドルになるとか。

しゅん：変身願望があるということ？

さつき：なんていうか、いつもと違う自分になれるワクワク感、キラキラ感みたいな。ドレスを着てパーティに出かけるとか、いつもと違う衣装を着るとか、いつもとちょっと違ったアクセサリーをつけてみるとか。そういう変化する瞬間が、たまらなく好きですね。

でも、一方で長い年月をかけてゆっくりゆっくりと変わっていくのも好きです。それって、新しい自分に出会えることとすごく似ている感覚があるなって。「昨日の自分よりも1ミリでも可愛くなろう」って思いながら毎日を積み重ねていったら、いったいどんな40歳、50歳になれるんだろうとか、どんなおばあちゃんになれるのかなとか、結構ワクワクしませんか？　今も、自分がイメージしていた33歳よりちょっといいところにいっている感じがしているんです。

しゅん：なるほど。瞬間的な変化はなんとなく想像できても、10年、20年先の自分がどう変わっているかなんて誰もわからない。そこが楽しみなんだ。

さつき：少なくとも今、10年前に考えていた自分とはまったく違いますから、10年後、20年後には、どんなに想像しても絶対自分の予想外のところに行ってます（笑）　だから、あまり深く考えずに、今は目の前のことだけに集中するようにしています。

コンプレックスも魅力に変えられる

しゅん：お化粧にしても、ヘアスタイルにしても、以前は自由にできなかったことが日常生活で当たり前のことのようにできるようになった。そんな境遇を手にした今だからこそ感じることって、さつきさんにもきっとあるかなと思うのですが？

さつき：たくさんありますよ（笑）　年月を重ねていくと、メイクとか自分のものになってくるから、もっと楽しめるなって気がします。昔の自分が今の状態をもし知っていたら、結構精神的に楽だったでしょうね。でも、今はとにかくこれから先がとても楽しみです。40歳、50歳になった時に、30歳の私が悩んでいたことが軽く鼻で笑える。そういう強い女性になれたらいいなと思っています。

それから、自分にしかない個性も大事にしていきたいなと。一時、背が高いことは女の子らし

くないなと悩んでいた時期があったんですね。けれど、最近は逆に背が高いことでしか出せない魅力があるって気がついて。お手本は、しゅんさんなんですよ。

しゅん：えっ、そうなの？

さつき：はい！　たまにですが、聖母のような包容力を感じるって言われることもあります（笑）　でも、それも背が高いから出せるんだってことに気がついて。それは自分にしかないものだし。

しゅん：同感。今のさつきさん、とてもイキイキしている。でも、これから先もっともっとアップデートしていくんだと思います。

アップデートといえば、以前よりもメイクが薄くなってきた印象があるけれど、何か心境の変化でもあったんですか？

さつき：実は、いろいろな方から「素顔のままでいいよ」って言ってもらえるようになったんです。

しゅん：素のままでいることを受け入れられるって、ある意味、勇気がいること。それだけ自分を信じられるようになったのかな。

さつき：素顔で街を歩けるようになるなんて、昔はとても考えられなかったです。素顔をさらけ出すことで自分のセクシュアリティが晒されてしまうんじゃないか、冷たくされないかな、と思い始めると怖くて外にも出られなかった。でも、自分を偽って、必要以上によく見せようと背伸びしても、結局全部バレているんですよね。

しゅん：わかります。繕ってしまうと、どこか嘘くさくなる。

さつき：そう。でも、私メイクをすること自体は好きなんです。メイクって、本来は自分を守るものではなくて、むしろ自分のよさを引き出してくれるアイテムだから。ある意味、魔法みたい。セクシュアリティも、もともと男性として生まれたという覚悟を含めて、それを自分のよさに変えるために、生き方にもどんどん魔法をかけていこうと。心をオープンにしたことで、呪縛が解けた感じです。

しゅん：わぁ、これからどんなふうにアップデートしていくのか、楽しみ！

みんなが輝ける未来にできたらいいな

しゅん：では、最後に「私たちが社会に対して望んでいること」について、それぞれコメントして締めくくりたいと思います。

私自身は、ＬＧＢＴとか、トランスジェンダーとか、日常的に意識しながら生活はしていません。でもそれは、周囲の人たちの理解があるからだと思います。同じ境遇のほとんどの人たちがごく自然に社会の中に溶け込んで生活していきたいって思って生きている中で、どうか周りの皆さんも、優しく温かく接していただけたら嬉しいなって思います。

さつき：私は、ジェンダーや障害、国籍や文化、宗教などあらゆる偏見を取り払って、さまざまな個性が、多種多様な輝き方がある社会になるといいなと心から願っています。何かと比べてどちらがいいとかではなくて、それぞれの人が持つ魅力をみんなが認め合い、尊重しながら、みんなが輝けるような世界になってほしい。

私にできることは微々たることかもしれません。それでも、困っている人の役に立てるように、私なりにできることで世の中に貢献していきたいと思っています。

しゅん：ありがとうございました。

さつき：おつかれさまでした。

あなたに合った授業が受けられる

「乙女塾」では、個人の気になるところに合わせた授業を、用意しています。授業は、それぞれのプロフェッショナルの先生が自分らしくいられるお手伝いをします。

ボイスレッスン
Voice

女性声に近い声を出すための
ボイストレーニング

メイクレッスン
Make

女性らしく見える
あなたに合ったメイク法を伝授!

乙女塾は、優しく、そしてしっかり、教える場所です。
懇親会を通じて、生徒さん同士の交流もあるので、ひとりではなく、
みんなで頑張っている実感を感じてもらえたら嬉しいです。

会員限定イベントへご招待!

乙女塾会員の生徒さんは、月に1回程度行なわれる乙女塾のイベントへ無料でご参加ができます。美容・就職・学生服の試着会など、内容は様々です。

Twitter　　WEBサイト

乙女塾の詳細は
公式Twitter&WEBサイトを
ご覧ください!

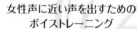

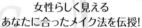

ご案内

OTOME
乙女塾
JUKU

女の子らしくを叶えるレッスン・スクール

「女の子らしくなりたい」と悩んでいる。
「本当に可愛いか自信が無い…」
そういった方が実はとても、多いです。
そんなお悩みをお持ちの方は、決して1人で抱え込まずに、
親しい友人の家へ遊びに行く感覚で
「乙女塾（おとめじゅく）」にいらしてください。
乙女塾は、女の子らしくなりたい全ての人を応援します。

乙女塾代表 西原さつき

私も先生をしているので、
ぜひ皆さんいらしてください！

Otomejuku
Nishihara Satsuki

おわりに

最後まで読んでくださって、ありがとうございました。

「女の子って魔法だよね」、いかがでしたでしょうか？

こうして、改めて自分の経験や普段感じていることをまとめてみると、とても不思議な人生だなぁと思ったりします。何となく「これって何だか不思議！」とぼんやり感じていたものを「本に書いてみませんか？」とお声がけいただいたことが最初のきっかけでした。いろいろな方へ届けたい気持ちがたくさんあるなかで、主軸だったもののひとつが、「親子で一緒に読めるもの」というテーマでした。

家族間でも乗り越えなければいけない課題は多く、私のようなアイデンティティを持った子の親たちもまた、ひとつの物語を進むことになるのです。そんな家族の間に、絆が少しでも深まるお手伝いができる一冊にしたいという気持ちは、筆を進めていくうちにどんどんと強くなっていきました。

実は、中でも一番書くことを悩んでいたテーマに、「子どもについての価値観」というものがありました。性別を変えるとなると、こういったテーマはどうしてもつらく、重たい現実に聞こえてしまうことも多く、これらを乗り越えるために私もたくさんの時間を要しました。今もまだ自分なりの答えを探して、歩き続けている旅路の途中かもしれません。

いずれは私も母のように、誰かを守ったり、何かを与えられるくらいに頼り甲斐のある女性になりたいです。

お母さんだってきっと、魔法は使えますよね(笑)

そして、私はこれからもまだ知らない世界を見つけるために歩き続けるのだと思います。問題が起きたらそれで終わりなのではなく、それを乗り越えてからが本当のスタートなのだと。

人生は始まったばかり。この先も何が起きるのかまったく予想がつきませんが、何とかやっていけるはず。だって、女の子って魔法なんですもの。何にだってなれるのだから。


この度制作にご協力いただきました、イラストレーター・デザイナーのＬＩＥさん、長時間におよぶスタジオでの撮影に根気よくお付き合いくださった(株)ＫＮＯＣＫの宮腰さんと鈴木さん、ヘアのＹｕｋａさん、メイクのＮＡＯさん、フードのゆうこさん、メイキング撮影の山岸さん、対談でインタビュアーを務めてくださった瞬さん、衣装撮影をサポートしていただいた菅公学生服の皆さま、ギリギリまで衣装のチェックなどで助けていただいた主税さん。

この本を作ろうと言ってくださり、しかし慣れない作業に戸惑っている私に「さつきさんは自分では気がついていないだけで、すごい可能性を秘めているんだから」と何度も励ましの言葉をくれて、ずっと側で支えてくださった編集の金田さん。

そして何かのきっかけで今この本を手にとってくれている、目の前にいるあなたへ。

そんな、みんなのおかげで、本当に素敵な思い出を形に残せました。ありがとうございます。

私ひとりではこんなことはできなかった。この本は私たちみんなの一冊です。

またどこかで会える日を、楽しみにしております。

いつでも乙女を楽しんで、そして心にトキメキを、女の子って魔法だよね☆

最後まで本当にありがとうございました!

西原さつき

2019年12月

女の子って魔法だよね

2020年 1 月10日　初版発行

著　者　　　西原さつき
発行者　　　上條章雄

厚有出版　〒106-0041 東京都港区麻布台1丁目11番10号 日総第22ビル7階
TEL. 03-6441-0389 FAX. 03-6441-0388
http://www.koyu-shuppan.com/

装丁・デザイン	鎌田柊平
イラスト	LIE
写真（表紙・グラビア・エッセイ）	宮腰拓実（株式会社KNOCK）
写真（特別対談）	山岸悠太郎
ヘアメイク	Yuka（MINT）
メイク	NAO
美術（フードコーディネート）	水谷ゆうこ
衣装協力	菅公学生服株式会社
撮影協力	鈴木ユマ（株式会社KNOCK）
DTP	信東社
印刷・製本	東京スガキ印刷
編集担当	金田　弘

ISBN 978-4-906618-91-0